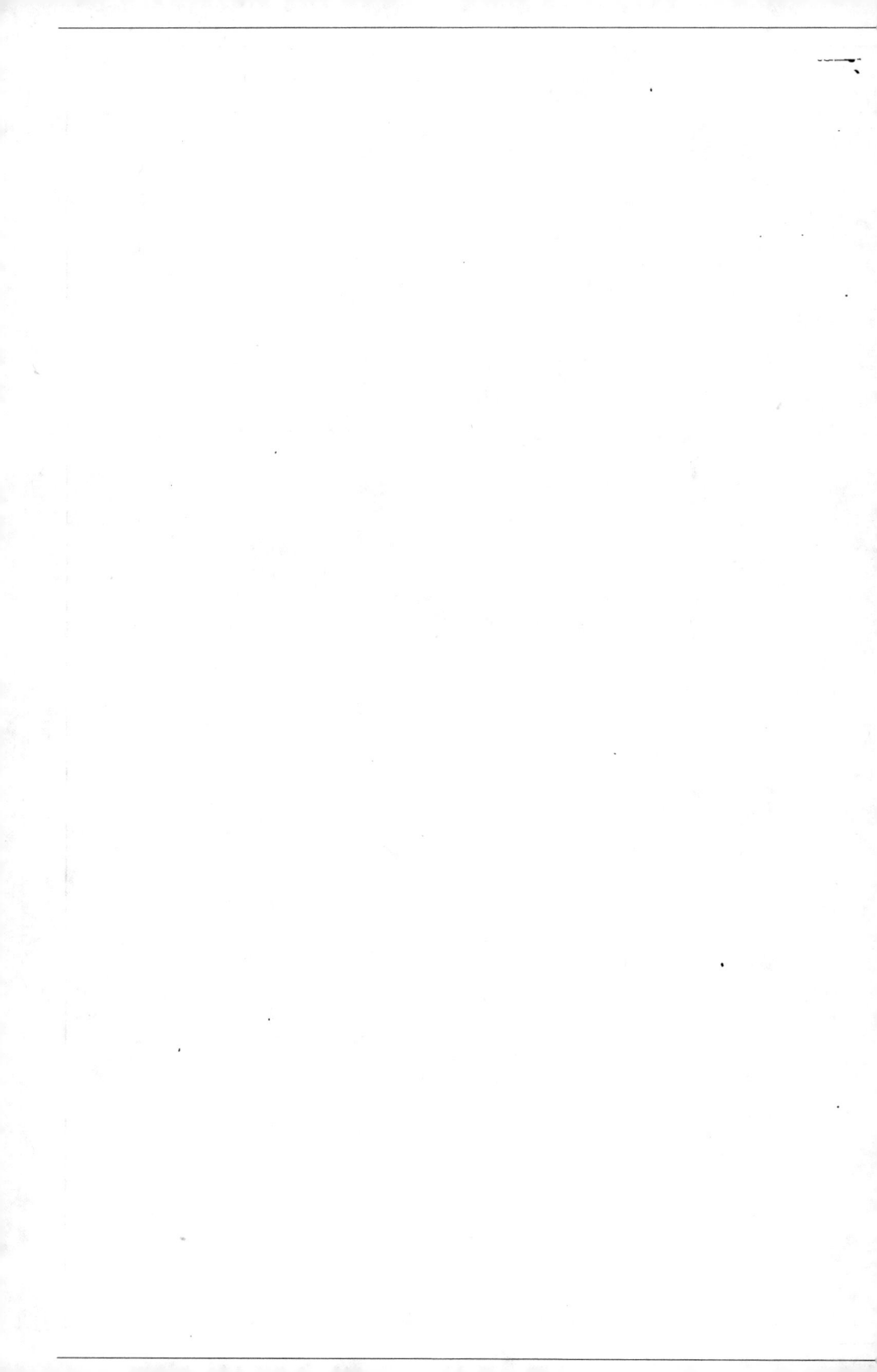

JACQUES DU LORENS

ET LE TARTUFFE

NOTICE

SUR UN PRÉCURSEUR DE DESPRÉAUX

1583 – 1658

PAR

PROSPER BLANCHEMAIN

PARIS

CHEZ AUGUSTE AUBRY, LIBRAIRE

RUE DAUPHINE, 16

1867

Extrait du *Bulletin du Bouquiniste*

N⁰ 247.—1ᵉʳ Avril 1867.

Paris. — Imprimerie PILLET fils aîné, rue des Grands-Augustins, 5.

Le fils de Me Poquelin, tapissier du Roi, ne s'était encore fait connaître que comme organisateur de l'illustre Théâtre, où se jouaient
avec un grand succès les tragédies de Pierre Corneille. Médiocre
dans le tragique, le jeune Molière excellait déjà, comme acteur,
dans ces pièces à l'italienne, où les personnages improvisaient leurs
rôles sur un *scenario* tracé d'avance, et quelques-uns de ces canevas
étaient de sa façon.

Un jour, en 1646, notre jeune *impresario* vit entrer chez lui un
homme d'une soixantaine d'années, encore vert, aux yeux vifs, à la
mine sardonique, tout de noir habillé, dont la tenue sentait d'une
lieue son magistrat de province, et qui lui parla à peu près en ces
termes :

« Je ne crois pas, Monsieur, qu'au milieu des habits chamarrés
« qui encombraient hier votre spectacle, vous ayez remarqué mon
« vêtement noir et mes cheveux gris. J'ai applaudi des deux mains
« aux vers de M. de Corneille, l'heureux rival de mon ami Rotrou ;
« mais cela ne m'a pas empêché de rire à gorge déployée, à la farce
« où vous teniez le principal rôle ; et si, comme on le disait auprès
« de moi, vous en êtes l'auteur, croyez-moi : renoncez à la tragédie,
« où vous êtes médiocre ; jouez des comédies, écrivez-en même...
« et vous irez loin !... Pardonnez cette franchise à un vieillard ; je
« n'ai jamais mâché la vérité à personne, et souvent je l'ai dite à
« mes dépens ; mais, baste ! en mon for intérieur, je ne m'en suis
« jamais repenti. »

Après quelque temps de conversation, le vieillard se leva : « Vous
« ne me reverrez peut-être jamais, Monsieur ; car je repars ce soir
« pour ma province ; mais permettez-moi de vous laisser en souve-
« nir ce livre de ma façon. »

Resté seul, Molière ouvrit le volume que lui avait offert le vieil original.

C'était un in-quarto, frais sorti de la boutique de Sommaville et qui portait pour titre : Les Satyres de M. du Lorens, président de Chasteauneuf.

Le jeune comédien sauta la préface et lut :

SATYRE I.

Que je suis dégouté de la plupart des hommes,
Plus je les considère, en ce temps où nous sommes!
Mais surtout je hay ceux dont le semblant est doux,
Qui n'entendent jamais la messe qu'à genoux ;
S'ils parlent, c'est de Dieu, de sa bonté suprême,
De se mortifier, renoncer à soy-mesme...
Après avoir tenu ce langage des Cieux,
Croirois-tu bien, Monsieur, qu'ils sont fort vicieux,
Et que celuy d'entre eux qui fait plus d'abstinence,
Dont la face est plus triste, a le moins d'innocence,
Est prest sans marchander à faire un mauvais tour,
Pour ne tenir parole à chercher un détour.
Il prend son avantage en concluant l'affaire,
Encor que comme un prêtre il dise son bréviaire,
S'il rit, c'est un hazard et ne rit à demy.
C'est avec un baiser qu'il trahit son amy!...
Après ses oraisons, est-il hors de l'église,
A son proche voisin il trame une surprise...
Il cajole sa femme et la prie en bigot,
De faire le péché qui fait un homme sot.
Encor qu'il soit tenu plus chaste qu'Hippolyte,
Il est aussi paillard, ou plus, qu'un chien d'ermite...
Au reste, à l'entretien il est si papelard,
Que vous ne diriez pas qu'il eût mangé le lard ;
A sa douce façon et modestie extrême,
Il paroist innocent, ou l'innocence même ;
Il porte un cœur de sang sous un dévot maintien ;
S'il presté, c'est en juif sous l'habit d'un chrestien,
Et son debiteur le fuit, de mesme (s'il faut dire)
Qu'un voleur un prévost, une nymphe un satyre ;
C'est le plus inhumain de tous les créanciers ;
Je le sçay, pour avoir esté de ses papiers.
S'il plaide, pensez-vous, il plaide main garnie ;
Gardez-vous bien de lui les jours qu'il communie!...

Le jeune Poquelin s'arrêta et tomba dans une rêverie profonde...

A dire vrai, je ne sais si les satyres de du Lorens furent offertes par l'auteur lui-même au futur prince des comiques français ; mais je suis certain qu'il a dû lire ce passage, et que dès ce moment il ne lui resta plus qu'à trouver un nom pour le bigot personnage. Tartuffe était éclos dans la cervelle de Molière.

Et maintenant, comme je pense que du Lorens est resté dans une obscurité imméritée, je vais rapporter ce que l'on sait de sa vie.

La petite ville de Châteauneuf, lieu principal du petit pays de Thimerais, fut le berceau de Jacques du Lorens. On ne connaît pas au juste les limites du Thimerais; Châteauneuf est devenu un chef-lieu de canton de l'arrondissement de Dreux (Eure-et-Loir), et le tribunal que présidait du Lorens n'est plus qu'une simple justice de paix.

C'est en 1583 qu'il vit le jour, sur les lisières de la Normandie, comme il le dit lui-même dans la satyre VII, livre 2 du volume qu'il publia en 1624 :

> Encor qu'en tous climats naissent des gens de bien,
> Quant un homme est Normand on dit qu'il ne vaut rien ;
> L'argument passeroit avec des lavandières,
> Car que vaudrois-je moy, qui suis né des lizières ?

Donc, moitié Percheron, moitié Normand, il reçut l'éducation convenable aux emplois auxquels on le destinait ; c'est-à-dire qu'après avoir fait de fortes études chez le curé de son pays (1), il prit ses degrés à la faculté, et se fit recevoir docteur *in utroque jure*. C'est ce qu'on voit dans la 22e satire de son recueil de 1646 :

> Encore qu'autrefois j'aye pris mes degrez,
> Je suis fort peu versé dans les livres sacrez.

Et dans la 17e du même recueil :

> Estant jeune avocat, après estre docteur,
> Et voyant qu'au barreau je n'estois qu'auditeur,
> Que d'autres moins sçavans plaidoient pour les parties,
> Moi de jeter le froc par dépit aux orties,
> Détester le bonnet, n'aller plus au palais,
> Où l'on m'eust souvent pris sans cause et de relais.

Une vie manuscrite de du Lorens, anciennement ajoutée à un

---

(1) Mon père pour cela m'envoyoit à l'école
D'un curé qui n'estoit au roole des pédans,
Et c'est luy qui m'a faict sçavant jusques aux dents.
A luy je suis debteur et à ce mien bon père.

Sat. III, livre 2 (1624).

exemplaire de ses dernières satires, et qui pourrait avoir été tracée par Dreux du Radier (1), fait connaître que c'est au Parlement de Paris qu'il suivait les audiences, et cite à l'appui ces termes de son commentaire sur la coutume de Chasteauneuf : « M. Arnauld, lors « avocat, qui depuis a esté contrôleur général des finances, plaidoit « dans la cause de M. Marion (Simon), pour le Roy. J'estois lors « jeune avocat au Palais. »

C'était donc dans la grande salle gothique du Palais de Paris, autour de la fameuse table de marbre, que le jeune clerc de la bazoche promena longtemps ses pas inoccupés, écrivant plus de vers qu'il ne plaidait de procès.

Las de son inaction, il alla s'établir à Chartres, en qualité d'avocat au Présidial. Il y trouva des clients à défendre, mais aussi des occasions d'exercer sa verve sarcastique; car il y offensa les magistrats, et la Cour lui infligea un blâme public. C'est ce qui résulte d'un factum, publié contre lui, dans un des procès qu'il eut à soutenir, factum sur lequel s'appuie l'auteur de sa vie. Du Lorens convient, d'ailleurs, qu'il eut occasion de plaider pour lui-même; car il dit, dans une de ses satyres (2) :

> Jamais dans les procès je ne suis demandeur.
> La malice du siècle en veut à ma candeur ;
> C'est un malheur pour moi que toujours on m'ajourne.

Ce devait être un peu sa faute, si on l'ajournait, et bien des gens se reconnaissaient dans ses satires. Il ajoute :

> Et n'est point question d'un remûment de borne,
> Ny d'avoir occupé la terre d'un mineur ;
> Encor moins s'agit-il de quelque point d'honneur,
> Ny de crimes commis en exerçant ma charge.
> De tels cas, Dieu merci, personne ne me charge!
> On me traduit pourtant, ainsy qu'un charlatan,
> On me faict des procès dessus des nids d'antan
> Sur le poinct d'une aiguille, ou sur une chymère.

Ces chimères et ces piqûres d'aiguilles, c'était la langue de du Lorens qui les causait. Outre le blâme qui lui avait été infligé à Chartres, un arrêt fut encore rendu contre lui au Parlement de Paris, au profit de maître Laurens Ollivier, avocat du roy au bailliage de

---

(1) C'est en effet, sauf quelques variantes, la même notice qui figure dans les Éloges historiques des hommes illustres du Thimerais, par Dreux du Radier (Paris, J. Berthier, 1749, in-12).
(2) Sat. V, liv. ? 1624).

Chasteauneuf, portant condamnation « à de grosses amendes et de
grands dépens, pour excès, injures et libelles diffamatoires. »

Pendant le temps qu'il était avocat à Chartres, du Lorens y
épousa Geneviève Langlois. Il semble que c'était une femme de
tête, qui modérait la folle humeur et les prodigalités de son mari, et
qui, disait-il,

> ... ne veut voir chez moi, pour boire et pour manger,
> Ni Gautier, ni Garguille, en deussé-je enrager ;
> Qui contrôle mes jeux, mes yeux, mes promenades (1).

Bien qu'il ne pût mettre un frein à sa verve satirique, même en
parlant d'elle, il l'aimait au fond :

> La femme que j'ai prise est une des meilleures !

s'écriait-il, non cependant sans ajouter aussitôt :

> Mais, toutefois, elle a de si mauvaises heures,
> Que Socrate y fut-il (que Xantippe exerçoit)....
> Il seroit bien contraint de luy quitter la place...
> Son humeur est fascheuse et contraire à la mienne ;
> Mais néantmoins le mal que je luy veux m'advienne.

Vous voyez bien, lecteur, qu'il l'aimait, et au point même de
regarder comme un de ses devoirs conjugaux

> De se baisser la nuict pour luy bailler le pot (2).

Aussi l'appelle-t-il *sa chère épouse*, dans sa note sur l'article 127
de la Coustume de Chasteauneuf, in-4°, où il dit : « Il a été jugé, en
« la Coustume de Chartres, au profit de dame Langlois, nostre chere
« espouse, contre les Michelet de Nogent-le Rotrou, que les cousins
« germains conjoints *ex-utroque*, n'excluoient ceux qui ne l'estoient
« que d'un costé, dans la succession de Lancelot Poulard, sieur
« d'Oiré, où il s'agissoit de ses acquets. »

C'est par cette succession que la terre d'Oiré passa dans les mains
de du Lorens, qui ajouta depuis à son nom la qualité de sieur
d'Oiré.

De son côté, notre poëte était d'une famille aisée ; l'éducation qu'il
avait reçue le prouve, et lui-même se reconnaît pourvu de l'*auréa
mediocritas*, qui satisfaisait Horace :

> J'ay du bien, grâce à Dieu, ce qu'il m'en faut pour vivre,
> Je mange fort peu seul ; jamais je ne m'enyvre.
> Si je n'ay des estats, estant homme privé,
> Je m'en couche plus tost, j'en suis plus tard levé.

---

(1) Liv. 1, sat. V (1624).
(2) Sat. II (1646).

En 1618, il quitta Chartres pour succéder en la charge de Baillif, vicomte de Chasteauneuf, à Me Mathurin de la Chaussée, écuyer, seigneur de Louvet, qui exerçait encore en 1612. Chasteauneuf étant sorti de la maison de Mantoue, en 1637, il devint lieutenant général du bailliage, et ensuite président. C'est le titre qu'il prit, en 1646, en tête de ses nouvelles satires.

Si du Lorens se fit des ennemis par son esprit caustique et railleur, « estant, suivant une plainte des habitants de Chasteauneuf, « d'une humeur si peu accommodante, que jamais il n'y put vivre « en paix et sans avoir de différends avec quelqu'un, n'ayant laissé « un seul des officiers et principaux habitants exempts de ses offenses « ordinaires; » il fut dédommagé de ces tracas par l'amitié d'illustres personnes en tête desquelles il faut placer Charles de Gonzague, duc de Nevers, son constant protecteur, au nom de qui il rendait la justice à Chasteauneuf; puis le maréchal de Bassompierre; les présidents Molé, de Mesmes, Briçonnet; le président Nicole de Chartres; Rotrou le tragique, Régnier le satirique, Nicolas Bourbon le poëte latin, le peintre Vignon et le statuaire Biard.

Je ne m'arrêterai point aux commentaires que du Lorens a laissés sur les trois Coustumes de Chasteauneuf, Chartres et Dreux. Je me regarde comme tout à fait incompétent en ces sortes de matières,

Encore qu'autresfois j'aye pris mes degrez.

Je ne porterai point non plus un jugement détaillé sur ses satires, laissant au lecteur le soin de les apprécier d'après les passages cités plus haut. Bien qu'il se regardât comme supérieur à Régnier, et qu'il n'hésitât point à le piller au besoin; ainsi que l'a démontré M. le marquis de Gaillon dans un fort bon article inséré au *Bulletin du Bibliophile* de 1861, pages 413 et suivantes, le satirique Chartrain emporte de haute lutte l'avantage sur le président de Chasteauneuf, qui ne l'égale malheureusement que par la crudité du langage et la licence de l'expression; mais du Lorens est supérieur à Sigognes, à Berthelot, à Courval Sonnet et à l'auteur de l'*Espadon* satirique. Nous nous étonnons que personne ne l'ait encore réimprimé, car il abonde en traits naïfs; il est doué d'une verdeur toute gauloise, et surtout d'une langue!... une langue redoutable :

Il blesseroit un homme en luy jettant des roses.

Ses hémistiches empoignent comme des tenailles; il emporte le morceau. Malheur à ceux qui tombent entre les pinces de ce faux bonhomme! La morsure y reste, et, comme nous l'avons vu, ceux qu'il a mordus ne lui pardonnent jamais.

On a dit et répété à satiété, probablement d'après l'abbé Goujet, que les satires publiées en 1646 n'étaient autres que le recueil de 1624, revu et corrigé par l'auteur. M. de Gaillon a parfaitement démontré qu'il n'en était rien, et que les propagateurs de cette opinion n'avaient pas même lu les livres dont ils parlaient. A part une seule satire, la dixième du livre II de 1624, devenue, après de notables changements ; la dix-neuvième de 1646, l'auteur n'a pas emprunté, pour son dernier ouvrage, une douzaine de vers dans le premier.

Mais ce qu'on paraît avoir ignoré généralement, c'est que dans l'intervalle qui sépare les deux publications, c'est-à-dire en 1633, du Lorens aurait donné à Paris, chez Gervais Alliot, un volume de satires qui pourraient bien être, soit une édition retouchée de son premier ouvrage, soit, ce qui est plus probable, une première édition des satires de 1646, dans lesquelles il dit (page 137) :

> Je vous offre mes vers ou plutôt mes enfans.
> Qu'ils soient ce qu'ils pourront, c'est tout ce que ma peine,
> Depuis plus de vingt ans, a tiré de ma veine

Ces paroles, qui établissent une démarcation entre les premières satires et les dernières, laissent en même temps supposer que tout ce que l'auteur avait publié depuis vingt ans est contenu dans son dernier livre.

Je ne puis vérifier ce que j'avance, n'ayant jamais rencontré ces satires de du Lorens imprimées en 1633 ; mais c'est une recherche curieuse, à laquelle je convie les bibliophiles qui auraient le moyen de conférer entre elles les trois publications suivantes :

1° *Les Satyres du sieur du Lorens*, divisées en deux livres (Paris, J. Villery, 1624, in-8 de 4 et 203 pages). Le premier livre contient XI satires, le deuxième XIV.

2° *Les Satyres du sieur du Lorens...* (Paris, Gervais Alliot, 1633). Je ne puis donner une description exacte de ce livre, que je n'ai pas vu.

3° *Les Satyres de M du Lorens*, président de Chasteauneuf (Paris, A. de Sommaville, 1646, in-4 de 8 et 206 pages). Contenant XXVI satires.

Les autres ouvrages de du Lorens sont : *La Coustume de Chasteau-neuf en Thimerais*, avec les notes de M. Charles du Moulin, et annotations du sieur du Lorens, bailly, vicomte de Chasteauneuf (Chartres, Michel Georges, in-24 de 807 pages) ; et *Les trois Coutumes voisines* de Chasteau-neuf, Chartres et Dreux, avec les notes de M. Charles du Moulin et les annotations du sieur du Lorens, président, bailly, vicomte dudit Chasteau-neuf.

Cet ouvrag··, où le précédent est refondu, fut imprimé à Chartres, chez Michel Georges (1645, in-4 de 547 pages).

On cite encore de lui : *Le Pêcheur au pied de la Croix* (en vers). Paris, J. Martin, 1630, in-8 ; et des poésies imprimées dans divers recueils.

Nous n'avons plus à nous arrêter qu'un instant avec le bonhomme du Lorens, avant de lui dire adieu. Nous l'avons vu d'abord avocat sans cause, puis magistrat, puis légiste, le tout pour son plus grand honneur et profit ; nous l'avons vu en même temps poëte satirique, pour la plus grande satisfaction de sa langue qui lui démangeait grandement, mais aussi pour son malheur et plus encore pour le malheur des infortunés qui tombaient sous sa griffe. Considérons-le maintenant comme amateur de sculpture et de tableaux.

Dans son épître dédicatoire de la Coutume de Chartres, à M. du Houssay, conseiller du roi, et célèbre amateur lui-même, nous lisons ces lignes : « C'est la peinture qui m'a donné l'honneur de votre « connaissance. Nous parlons quelquefois dans votre cabinet de « Raphaël, du Titien et de Véronèse. S'il y a quelques autres entre- « tiens plus sérieux, il n'y en a point de plus doux... On m'a fait « présent, depuis trois mois, d'une Vierge de Léonard de Vincy... »

Cela suffirait pour prouver que du Lorens était un délicat, et qu'il ne s'attachait qu'aux bons morceaux. Malheureusement, il ne nous décrit point cette Vierge, de sorte qu'il est impossible de savoir ce qu'elle est devenue, et si on la connaît encore aujourd'hui. Sa cinquième satire (1646), adressée à son ami Vignon, témoigne encore mieux de son goût pour les arts :

. . . . Et l'on me voit espris
D'une toile que j'ay, dont tu sçais bien le prix,
Qu'un de nos curieux apporta d'Italie.
Estime qui voudra que c'est une folie :
C'est par la vision que l'on vit dans les cieux.
Je nourry bien souvent mon âme par mes yeux ;
Mon petit cabinet des beautez me descouvre
Que je ne verrois pas dans les chambres du Louvre.

Cet autre tableau pour lequel il s'exalte est un Paul Véronèse :

Une fille s'y voit près du petit Moyse,
Après l'avoir sauvé retordant sa chemise ;
Mais la fille du Roy, pleine d'affection

Et de soin vers l'enfant, préside à l'action,
En pompeux appareil, au milieu de ses filles.

Il me semble que ce dernier tableau se peut facilement reconnaître.

La satire XXI du même recueil, adressée à Biard, auteur de la statue équestre de Louis XIII, qui ornait autrefois la place Royale, témoigne aussi de la passion que professait du Lorens pour la sculpture. Je vois encore qu'il avait payé trois mille livres une Madeleine (soit tableau, soit statue, on ne le dit point); mais elle lui valut cette épigramme de Colletet :

> Cher du Lorens, second Régnier,
> Ménage un peu mieux le denier.
> Sur notre montagne indigente,
> Quoique tu sois riche d'autant,
> Je crains que cette repentante
> Ne te fasse un jour repentant.

Avec ces goûts élevés, et malgré les persécutions que suscita contre lui sa verve railleuse, son *vercoquin*, comme il l'appelle, persécutions qu'il s'était d'ailleurs justement attirées; entouré de chefs-d'œuvre dont il jouissait avec délices, occupé d'études tantôt sérieuses, tantôt enjouées, son existence dut être heureuse et douce. Elle se prolongea jusqu'à une vieillesse assez avancée. Il survécut à sa femme, pour laquelle il aurait fait, dit-on, la fameuse épitaphe tant de fois citée :

> Cy-gist ma femme; ah ! quelle est bien,
> Pour son repos et pour le mien !

Il mourut en 1658, dans son joli pays de Thimerais, à Chasteauneuf, dans la maison même où il était né, âgé de 75 ans, dont les 40 derniers avaient été remplis par sa charge de prési lent-bailly, vicomte de Chasteauneuf-en-Thimerais.

Voici l'épitaphe qu'il s'est faite à lui-même :

Cy gist du Lorens à l'envers,
Où son corps est rongé des vers.
Si son âme est en purgatoire,
Passant, ainsi qu'il est à croire,
Il ne faut qu'un *De Profundis*
Pour l'enlever en Paradis.
Les larmes sont moins nécessaires
En ce lieu là que les prières.
On a beau pleurer le trépas

D'un défunt; il n'en revient pas.
Tant que l'on voudra que l'on sonne,
Qu'on rompe l'air, qu'on carillonne,
Jamais on n'en vit seulement
Sortir un de son monument;
Mais l'oraison, dans cette flamme,
A grand commerce avecque l'âme,
Et la tire par son crédit,
Saint Augustin même l'a dit.

Ces dix-huit vers ne valent pas comme esprit, et encore moins comme malice, le distique sous lequel du Lorens a enterré *sa chère épouse*. Caustique pour les autres, c'est à peine s'il s'est chatouillé lui-même. Il avait l'épiderme si délicat !

PROSPER BLANCHEMAIN.

Château de Longefont, mars 1867.

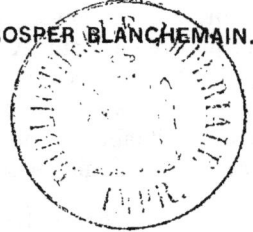

www.ingramcontent.com/pod-product-compliance
Lightning Source LLC
Chambersburg PA
CBHW060716280326
41933CB00012B/2449